CATALOGUE
DE
PANNEAUX-BOISERIES

TELLES QUE :

Portes, Cariatides, Colonnes, Cheminées
Panneaux en bois sculpté des XVe, XVIe et XVIIe siècles

BELLES BOISERIES D'APPARTEMENT

Consoles et Sièges des époques Louis XIV, Louis XV et Louis XVI,

TABLEAUX DÉCORATIFS
PORTRAITS

COMPOSANT LA TROISIÈME VENTE QUI AURA LIEU

Par suite de cessation de commerce de M. Zimmermann,

HOTEL DROUOT, SALLE N° 8

Les Mercredi 22, Jeudi 23 et Vendredi 24 Décembre 1875,

A DEUX HEURES.

Par le ministère de Me CHARLES PILLET, Commissaire-Priseur,
10, rue de la Grange-Batelière ;

Assisté de M. CHARLES MANNHEIM, Expert, 7, rue St-Georges,

Chez lesquels se trouve le présent catalogue.

EXPOSITION PUBLIQUE : Le Mardi 21 Décembre 1875,

DE UNE HEURE A CINQ HEURES.

CONDITIONS DE LA VENTE

Elle sera faite au comptant.

Les adjudicataires payeront cinq pour cent en sus des enchères.

L'exposition mettant le public à même de se rendre compte de l'état des objets, il ne sera admis aucune réclamation une fois l'adjudication prononcée.

Paris. — Imprimerie PILLET FILS AÎNÉ, rue des Grands-Augustins, 5,

DÉSIGNATION DES OBJETS

PANNEAUX SCULPTÉS
BOISERIES, ETC.

1 — Deux panneaux Renaissance, en chêne, représentant un vieillard et une femme en costume du xv° siècle. Haut., 1 m. 29 cent. ; larg., 42 cent.

2 — Deux traverses provenant d'un meuble gothique en chêne finement sculpté à jour. xv° siècle. Haut., 88 cent.; larg., 35 cent.

3 — Deux montants en noyer à chutes de feuilles et rosaces. Haut., 1 m. 20 cent.; larg., 13 cent.

4 — Panneau en forme de médaillon contenant une tête de femme vue de profil. Époque Renaissance. Haut., 50 cent.; larg., 55 cent.

5 — Panneau en noyer, présentant une tête de femme en relief, vue de profil, avec la coiffure du temps. xv° siècle. Haut., 55 cent.; larg., 48 cent.

6 — Deux beaux panneaux en noyer représentant des femmes debout dans un cartouche ovale surmonté d'un aigle tenant une draperie. Style Jean Goujon. Haut., 76 cent. ; larg., 30 cent.

7 — Médaillon ovale en chêne sculpté : saint Laurent portant son gril. Epoque Louis XIV. Haut., 76 cent.; larg., 34 cent.

8 — Deux petits panneaux en noyer, représentant les Saisons. Style Jean Goujon. Haut., 44 cent.; larg., 25 cent.

9 — Panneau en noyer, représentant une tête casquée dans un médaillon entouré de fleurs et d'animaux. Epoque François Ier. Haut., 25 cent.; larg., 1 m. 60 cent.

10 — Panneau en chêne : personnage casqué, dans un médaillon entouré de chimères. Epoque Louis XII. Haut., 35 cent.; larg., 60 cent.

11 — Devanture de cheminée, Louis XIV, en bois de chêne sculpté à guirlandes.

12 — Traverse de cheminée gothique en chêne sculpté, représentant des sujets de chasse, personnages et animaux en relief sous des arcades. Haut., 35 cent.; long., 1 m. 30 cent.

13 — Autre traverse de cheminée, époque Louis XII, en chêne sculpté, représentant des personnages dans des médaillons et des écussons entourés de sphynx. Haut., 30 cent.; long., 2 m. 20 cent.

14 — Beau panneau en chêne sculpté, divisé en cinq arcades à têtes d'anges, présentant, au centre, des femmes dans des médaillons. Epoque Louis XII. Haut., 1 m. 50 cent. ; larg., 57 cent.

15 — Devanture de clavecin en bois doré, à quatre pieds. Epoque Louis XIV.

16 — Deux dessus de portes, Louis XV, en bois sculpté et doré. Haut., 1 m. 20 cent. ; larg., 1 m. 60 cent.

17 — Pendentif en chêne sculpté, orné de chimères entourant un vase; au-dessous, une tête d'homme, coiffée d'un turban. Epoque François Ier. Haut., 70 cent.; larg., 33 cent.

18 — Quatre riches traverses des époques gothique et Louis XII.

19 — Grand clocheton gothique en chêne sculpté, orné d'une statue de la Vierge. Haut., 2 m. 60 cent.

20 — Grande traverse en chêne sculpté, ornée d'oiseaux, de chimères et de rinceaux. Epoque François Ier. Haut., 2 m. 60 cent.; larg., 28 cent.

21 — Deux colonnes tournantes, gothiques, en chêne sculpté. Haut., 2 m. 70 cent.

22 — Deux grands cadres en bois d'ébène à moulures.

23 — Autre cadre en bois d'ébène à pans coupés.

24 — Grand cadre Louis XIV, en chêne, cintré dans le haut, avec moulures entièrement sculptées. Haut., 2 m. 10 cent.; larg., 1 m. 50 cent.

25 — Très-grande cheminée, style Louis XIII, en chêne sculpté. Le manteau est composé de deux cariatides d'homme et de femme en haut relief se terminant en gaîne, et d'une frise à mascaron au centre, entourée de feuillages et de rinceaux; au-dessus de la tablette sont posées quatre colonnes entourées de guirlandes de pampres et d'oiseaux à bases sculptées et riches chapiteaux surmontés de mufles de lions en relief, soutenant une frise à denticules et renfermant un encadrement en bois sculpté, enfants et feuillages, contenant un portrait d'homme. Haut., 3 m. 90 cent.; larg., 2 m. 20 cent.

26 — Cheminée de style Louis XII, en chêne sculpté; les montants, formés par des cariatides d'hommes à barbes, se terminent en gaîne; ils supportent une traverse contenant quatre médaillons, portraits de personnages en relief sur fond d'or et séparés par des pilastres à écailles avec chapiteaux. Haut., 1 m. 80 cent.; larg., 2 m.

27-39 — Environ 130 panneaux de différentes grandeurs, en chêne et en noyer, des époques gothique, de la Renaissance, Louis XIII et autres, représentant des personnages et des ornements sculptés. Ce lot sera divisé.

40-54 — Environ 150 panneaux et petites traverses en bois de noyer et de chêne sculpté à ornements et figures variées, des époques gothique, Renaissance et autres. Ce lot sera divisé.

55-64 — Environ 50 grands panneaux en bois de chêne sculpté, des époques Renaissance, Louis XIV, Louis XV et Louis XVI, à ornements variés. Ce lot sera divisé.

65-69 — Environ 50 traverses, montants et pilastres en chêne sculpté, des époques Renaissance, Louis XIV, Louis XV et Louis XVI. Ce lot sera divisé.

70-84 — Environ 150 débris artistiques : mascarons et ornements divers. Epoque Renaissance.

85-87 — Environ 30 chapiteaux en bois sculpté, des époques Louis XIII et Louis XIV.

88-90 — Environ 10 supports de poutrelles gothique.

91-93 — Environ 30 petites cariatides en bois sculpté, Renaissance.

94-95 — Environ 10 poutrelles Renaissance.

96 — Un lot de moulures détachées, des époques Louis XV et Louis XVI.

97-100 — Un lot considérable de colonnes torses pour lits, pieds de table, balustres d'escaliers, etc.

101 — Un lot de petits clochetons gothiques.

102-106 — Un lot de cadres sculptés et dorés de diverses époques.

107-110 — Un lot de morceaux de laque de Chine, peint et nacré.

111 — Très-belle boiserie Louis XV, en bois sculpté, composée de cinq parties dont quatre sculptées sur les deux faces; le reste est composé de deux larges panneaux et de plusieurs petits avec traverses sculptées. Dans le haut de chaque porte se trouvent des panneaux contenant les portraits des enfants de France, attribués à Mignard. Haut., 2 m. 80 cent.

112 — Grande boiserie de salon Louis XV, en chêne sculpté, composée de 17 panneaux : 6 grands, 6 moyens et 5 petits, ornée de rinceaux et d'attributs en relief avec encadrements. Haut., 2 m. 25 cent.

113 — Panneau de boiserie, Louis XV, en chêne sculpté, haut et bas. Haut., 2 m. 30 cent.; larg. 1 m. 15 cent.

114 — Petite boiserie Louis XIV, en chêne sculpté, composée d'environ 12 panneaux. Haut., 1 m. 90 cent.

115 — Grande boiserie Louis XVI, en bois peint en blanc, composée de trois cadres de glaces cintrés et à rosaces ; grands pilastres à cannelures surmontés de chapiteaux. Haut., 3 m.

116 — Grand chambranle de porte avec son trumeau, Louis XV, en bois sculpté et doré. Haut., 3 m. ; larg., 1 m. 60 cent.

117 — Cadre Louis XIV, en bois sculpté à parties rehaussées d'or, présentant sur sa frise cintrée une tête de femme entourée de quadrilles à rosaces ; montants à pilastres avec chapiteaux et ornés d'attributs. Haut., 2 m. 80 cent. ; larg., 1 m. 50 cent.

PORTES EN BOIS SCULPTÉ

118 — Grande porte en noyer, ornée de panneaux sculptés ; chambranles à feuillages et chapiteaux ; frise de fruits dans le haut ; poignée en fer. Époque Louis XIII. Haut., 2 m. 25 ; larg., 1 m. 17.

119 — Grande porte en chêne sculpté, ornée de quatre panneaux contenant des personnages debout sous de petits monuments ; pilastres à feuillages, chapiteaux et têtes de chérubins. Époque François Ier. Haut., 1 m. 76 ; larg., 64 cent.

120 — Grande porte en chêne sculpté, à trois panneaux peints dans le haut, représentant des personnages entourant des médaillons qui contiennent des portraits en relief. Panneaux à serviettes dans le bas. Chambranles à pilastres unis, avec têtes de chimères au sommet. Haut., 2 m. 50 ; larg., 1 m. 55.

121 — Grande porte en noyer, divisée en trois panneaux dans le haut et trois panneaux dans le bas, ornés de rosaces ovales et de rosaces rondes. Montants et tra-

verses à plumes. Époque Renaissance. Haut., 2 m. 10 ;
larg., 1 m. 10.

122 — Autre porte analogue à celle qui précède. Haut.,
1 m. 95 ; larg., 77 cent.

123 — Porte en chêne, divisée en huit panneaux carrés,
sculptés à médaillons ovales. Les deux panneaux du
haut manquent. Époque Henri II. Haut., 1 m. 85 ;
larg., 88 cent.

124 — Porte en chêne sculpté, ornée au centre d'une
grande rosace ovale entourée d'une frise à entrelacs,
et, dans le haut, d'un médaillon suspendu par un ru-
ban à une corbeille de fleurs. Époque Louis XVI.
Haut., 2 m. 20 ; larg., 60 cent.

125 — Très-belle porte en noyer, présentant quatre médaillons à têtes d'empereurs romains. Au centre, un
mufle de lion en relief ; au sommet et dans le bas, des
médaillons ronds à têtes d'empereurs romains. Les
coins et le milieu sont ornés de feuillages. Époque
Henri IV. Haut., 1 m. 90 ; larg., 1 m. 07.

126 — Porte en chêne, à six panneaux à serviettes. Époque
Louis XII. Haut., 2 m. 10 ; larg., 75 cent.

127 — Porte en chêne, à six colonnes à jour dans le haut.
Haut., 2 m. 10 ; larg., 1 m. 10.

CARIATIDES EN BOIS SCULPTÉ

128 — Deux grandes cariatides avec chapiteaux en chêne sculpté; têtes de vieillards, les mains croisées sur la poitrine; gaînes ornées de feuillages. Époque Renaissance. Haut., 1 m. 60; larg., 40 cent.

129 — Deux cariatides de femmes en noyer, terminées par une gaîne. Haut., 1 m. 40; larg., 30 cent.

130 — Belle cariatide Henri II, à tête de faune en relief, bouquet de fleurs et fruits; pied à mascarons. Haut., 1 m.; larg., 30 cent.

131 — Montant en chêne sculpté, orné d'une Vierge debout, tenant l'Enfant Jésus, sous une rotonde à colonnes surmontée d'une tête d'ange. xvie siècle. Haut., 1 m. 05; larg., 10 cent.

132 — Deux petites cariatides en chêne sculpté. Femmes debout tenant des corbeilles de fleurs. Chapiteaux à feuillages et socles à volutes. Époque Louis XIII. Haut., 95 cent.; larg., 15 cent.

133 — Deux cariatides en bois sculpté et peint, représentant des anges aux ailes dorées, se terminant en gaînes avec draperies à glands. Époque Louis XIII. Haut., 1 m. 57; larg., 23 cent.

134 — Cariatide Henri II, en bois de chêne, à tête de femme. Haut., 1 m.; larg., 26 cent.

135 — Belle cariatide d'encoignure en bois de chêne. Tête d'homme avec gaîne. Époque Henri II. Haut., 1 m. 30; larg., 20 cent.

136 — Deux cariatides en noyer, à têtes d'anges avec draperies en dessous; gaînes à feuillages. Époque Louis XIII. Haut., 1 m.; larg., 15 cent.

137 — Deux cariatides flamandes, en chêne sculpté. Homme et femme. Époque Louis XIII. Haut., 1 m. 20; larg., 14 cent.

138 — Cariatide en noyer, à tête d'enfant avec draperies et volutes, terminée par une chûte de fruits. Époque Henri II. Haut., 1 m. 20; larg., 25 cent.

MEUBLES EN BOIS SCULPTÉ

139 — Grand bahut bourguignon, à deux corps, en noyer sculpté, à portes pleines, offrant quatre panneaux à rinceaux, avec têtes de femmes en haut relief; pilastres latéraux cannelés; dans le haut, une frise à consoles et culots alternés. Époque Henri IV. Haut., 1 m. 20; larg., 1 m. 25.

140 — Grand bahut style Renaissance, à deux corps, en noyer sculpté, à quatre portes pleines, offrant des pan-

neaux à têtes de chimères vues de profil, avec gaînes en relief, et entourées de grappes de fruits rattachées par des rubans. Pilastres latéraux cannelés à chapiteaux ioniens Frise supérieure à consoles cannelées, avec feuillages et culots alternés. Haut., 1 m. 90; larg., 1 m. 25.

141 — Petite armoire Renaissance, de forme carrée en hauteur, en noyer, à deux portes pleines, ornées de marqueterie de bois avec montants à plumes. Haut., 87 cent.; larg., 72 cent.

142 — Dressoir à deux corps, en noyer, modèle Louis XIII. Haut., 1 m. 40 cent.; larg., 1 m. 10 cent.

143 — Meuble à deux corps, en chêne sculpté, à cinq pans coupés, formant vitrine dans le haut. Montants en forme de pilastres à chapiteaux, soutenant une frise dont les panneaux à vases et rinceaux sculptés sont séparés par des têtes d'hommes et de femmes en relief. Pieds à arcades sculptées. Style Renaissance. Haut., 2 m. 05 cent. ; larg., 1 m. 20 cent.

144 — Meuble-buffet à deux corps, en noyer sculpté ; portes pleines à quatre rosaces dans le bas, et montants à colonnes cannelées ; tiroirs du milieu à poignées en fer ; dressoir dans le haut, formé par deux cariatides à gaînes soutenant un entablement à consoles et plumes, avec fronton monumental. Fond du dressoir à pilastres cannelés et rosaces. Style Renaissance. Haut., 2 m. 20 cent. ; larg., 1 m. 10 cent.

145 — Un buffet en bois sculpté, époque Louis XIV.

146 — Un autre buffet en bois sculpté, style Louis XIV.

147 — Joli coffre de mariage en noyer, richement sculpté, présentant un panneau central à têtes de griffons et fleurs, et de chaque côté des panneaux à consoles saillantes. Il porte la date de 1564. Haut., 60 cent.; larg., 70 cent.

148 — Coffre à bijoux Renaissance, en noyer, avec couvercle et panneaux en marqueterie de bois. Socle à godrons, sur pieds à griffes. Haut., 40 cent.; larg., 60 cent.

149 — Coffre Renaissance, en chêne sculpté, à deux portes, présentant des médaillons à figures de personnages; montants à fleurs et rubans. Haut., 85 cent.; larg., 1 m. 60 cent.

150 — Coffre italien en ébène, orné d'incrustations et de filets d'ivoire; au centre, un médaillon représentant un personnage debout, armé d'une hache. Haut., 37 cent.; larg., 90 cent.

151 — Coffre en bois marqueté de nacre avec serrure en fer. Haut., 30 cent.; larg., 60 cent.

152 — Coffre normand, en chêne sculpté, orné de cariatides saillantes; au centre, une femme assise, dans un médaillon entouré de mascarons avec enroulements de cuirs.

153 — Coffre en noyer sculpté, présentant cinq personnages, en haut relief, debout, sous des arcades ogivales. Ser-

rure gothique en fer forgé. xv⁰ siècle. Haut., 70 cent. ; larg., 1 m.

154 — Coffre François Ier, en noyer, orné d'arcades à rosaces, supportées par des colonnettes. Haut., 70 cent. ; larg., 1 m. 80 cent.

155 — Coffre Renaissance, en noyer sculpté, orné de sujets bibliques en relief, contenus dans des panneaux cintrés. Haut., 55 cent. ; larg., 1 m. 40 cent.

156 — Coffre gothique en noyer, orné de panneaux à arcades avec serviettes et pilastres à feuilles. Haut., 57 cent. ; larg., 1 m. 06 cent.

157 — Joli coffre gothique en chêne sculpté, orné d'un écusson au milieu, avec serrure en fer forgé à personnages. Haut., 49 cent. ; larg., 75 cent.

158 — Table Renaissance, en noyer, avec allonges ; les côtés sont ornés de deux colonnes soutenant des arcades.

159 — Table, modèle du Cerceau, en noyer sculpté, avec allonges, à sept pieds et entre-jambes à profil.

160 — Table Louis XIII, en noyer, de forme carrée, en marqueterie de fleurs, pieds tors.

861 — Table Renaissance, en noyer, de forme ronde, à cinq pieds balustres.

162 — Table Louis XIII, en noyer, à colonnes torses, avec chapiteaux sculptés et entre-jambes.

MEUBLES LOUIS XV & LOUIS XVI

163 — Beau lit Louis XVI, en bois sculpté et peint en blanc, à grand et petit dossier ; le grand dossier est orné d'une corbeille de fruits entourée d'une guirlande de fleurs ; le petit dossier offre un médaillon ovale contenant un portrait de femme. Montants à pilastres cannelés et traverses sculptées à entrelacs. Long., 1 m. 70 cent. ; larg., 1 m. 31 cent.

164 — Grand lit Louis XV, en bois sculpté, peint en blanc, orné de bouquets, de rosaces, et pieds de biche. Long., 1 m. 55 cent. ; larg., 1 m. 51 cent.

165 — Petit lit Louis XVI, sans traverses, peint en blanc avec filets bleus, à dossiers renversés. Long., 84 cent. ; larg., 72 cent.

166 — Grand lit Empire, en acajou, orné de cuivres ciselés et dorés. Les traverses sont ornées d'une tête de femme entourée de rinceaux. Signé Jacob ; marqué de la couronne impériale, et ayant appartenu au mobilier de la Malmaison. Long., 2 m. ; larg., 1 m. 95 cent.

167 — Baromètre en bois sculpté et doré, orné d'un carquois avec guirlande et surmonté d'un vase. Époque Louis XVI.

168 — Autre baromètre en bois sculpté et doré, de forme ronde, orné de rubans et de guirlandes. Style Louis XVI.

169 — Support en bois sculpté, à tête d'ange. Époque Louis XIV. Haut., 60 cent.

170 — Deux tabourets italiens, en bois sculpté, rehaussés d'or, représentant des nègres accroupis. Haut., 50 cent.

171 — Deux socles italiens, en bois sculpté et peint, à pans coupés et cartouches au milieu. Haut., 58 cent.; larg., 53 cent.

CONSOLES LOUIS XV & LOUIS XVI

172 — Belle console Louis XVI, à quatre pieds, en chêne sculpté et peint en blanc; ceinture arrondie sur le devant et droite sur les côtés; pieds à cannelures tournantes avec chapiteaux ioniques; entre-jambes cintré. Haut., 95 cent.; larg., 76 cent.

173 — Console Louis XVI en bois sculpté, cintrée par devant, avec frise à oves et perles; pieds à consoles et feuilles d'acanthe dans le bas. Haut., 85 cent.; larg., 92 cent.

174 — Console Louis XVI en chêne sculpté peint en blanc, cintrée par devant; frise à rosaces et rubans; pieds à consoles avec griffes. Haut., 75 cent.; larg., 67 cent.

175 — Deux consoles Louis XVI en chêne sculpté et peint en vert bronzé; devant cintré à rubans, cannelures et rais de cœur; pieds à consoles et feuilles d'acanthe; entre-jambes à pomme de pin Haut., 84 cent.; larg., 63 cent.

176 — Console d'entre-deux, style Louis XVI, en chêne sculpté peint en blanc; frise à feuilles d'acanthe; pied orné de pilastres, offrant dans le haut un écusson modèle demi-lune. Haut., 83 cent.; larg., 60 cent.

177 — Grande console Louis XV en chêne sculpté à jour, peint en vert; entre-jambes à coquille. Haut., 80 cent.; larg., 1 m. 10 cent.

178 — Console Louis XV en chêne sculpté à jour, peint en brun, à motif et rinceaux; entre-jambes à coquille. Haut., 83 cent.; larg., 83 cent.

179 — Console Louis XV en chêne sculpté à jour, peinte en blanc, à fleurettes et coquille. Haut., 80 cent.; larg., 85 cent.

180 — Console Louis XVI à quatre pieds, en bois sculpté peint en blanc, côtés arrondis avec frise à rosaces en relief; pieds cannelés et à feuilles d'acanthe tournantes. Marbre à profil en brèche violette. Haut., 84 cent.; larg., 1 m. 46 cent.

181 — Petite console Louis XVI à quatre pieds, en bois

sculpté peint en rouge, à côtés arrondis; frise à rosaces et rais de cœur. Haut., 70 cent. ; larg., 75 cent.

182 — Grande console Louis XVI, en chêne sculpté et peint en vert, à deux pieds cannelés, avec frise à feuilles de laurier, ornée de guirlandes de fleurs. Haut., 80 cent, ; larg., 1 m. 10 cent.

183 — Console Louis XVI en bois sculpté peint en blanc, cintrée, avec frise à cannelures et rubans; entre-jambes avec vases et guirlandes de lauriers. Haut., 80 cent.; larg., 46 cent.

184 — Console Louis XVI en bois sculpté et peint en blanc, cintrée; frise à entrelacs et perles longues; pieds cannelés. Haut., 80 cent. ; larg., 45 cent.

185 — Console Louis XV en bois sculpté et doré, à coquilles repercées à jour et guirlandes de fleurs tournantes. Haut., 82 cent. ; larg., 64 cent.

186 — Table Louis XV en bois sculpté et peint en blanc, à quatre faces; frise à coquilles et feuillages; pieds de biche. Dessus de bois. Haut., 86 cent. ; larg., 1 m. 65 cent.

187 — Table Louis XV en chêne sculpté et peint en blanc, à quatre faces; pieds à volutes ornés dans le haut de coquilles entourées de lauriers; frise à moulures présentant un cartouche au centre. Haut., 84 cent.; larg., 1 m. 58 cent.

MEUBLES — SIÈGES

188 — Fauteuil Louis XII en bois de noyer sculpté, avec mascaron et tête d'ange; vase et rinceaux au centre du dossier, surmonté de clochetons; accotoirs à balustres et siége à stalle.

189 — Deux chaises-caqueteuses en chêne sculpté; dossiers ornés de figurines de femmes en relief.

190 — Fauteuil en forme d'X, en bois sculpté, style renaissance.

191 — Fauteuil en forme d'X, en bois de noyer sculpté, formant prie-Dieu.

192 — Escabeau en noyer sculpté; le dossier présente un écusson entouré de deux lévriers.

193 — Escabeau en noyer sculpté, forme éventail, avec écusson à tête de lion dans le bas.

194 — Deux chaises renaissance en bois de noyer sculpté, avec traverses à jour dans la ceinture.

195 — Fauteuil-stalle en bois de noyer sculpté, orné d'un fronton renfermant un écusson et d'un portrait d'homme au centre du dossier.

196 — Chaise-caqueteuse en bois de noyer, avec écusson au centre du dossier.

197 — Deux chaises renaissance en noyer, pieds à fuseaux.

198 — Fauteuil Henri II, petit dossier, couvert en cuir à clous de cuivre.

199 — Sept fauteuils Henri II en chêne, à têtes de lions.

200 — Trois fauteuils en forme d'X, en bois de noyer uni.

201 — Chaise-caqueteuse en noyer, avec motifs sur le dossier.

202 — Fauteuil Henri II en noyer, à vase et têtes d'anges, modèle de Cluny.

203 — Chaise Louis XIV, en bois sculpté, or et noir.

204 — Fauteuil Louis XVI, en bois sculpté, or et bleu.

205 — Fauteuil Louis XVI, en bois sculpté, modèle à chapeau, or et blanc.

206 — Petit canapé Louis XVI, en bois sculpté, à joues, peint en blanc.

207 — Six chaises Louis XIII, à grands dossiers, en bois de noyer, garnies et couvertes en cuir jaune.

208 — Grand fauteuil Louis XIV, en noyer sculpté, ceinture à jour.

209 — Deux grands fauteuils Louis XIII, en noyer sculpté, avec gros accotoirs et pieds à griffes.

210 — Grand fauteuil Louis XIV, en noyer, à ceinture et dossier sculptés.

211 — Petite chaise Louis XVI, en bois sculpté peint en blanc, modèle à colonnes.

212 — Trois petits canapés Louis XVI, en bois sculpté et peint en blanc. Modèle marquise.

213 — Autre canapé Louis XV, en bois sculpté et peint en blanc. Modèle marquise.

214 — Grand canapé Louis XV, en bois sculpté, à trois dossiers.

215 — Fauteuil Louis XVI, en bois sculpté et peint en blanc à rais de cœur ; dossier carré.

216 — Fauteuil Louis XVI, en bois sculpté et peint en blanc, à rais de cœur. Modèle à chapeau.

217 — Deux fauteuils Louis XV en bois sculpté peint en blanc. Modèle cabriolet.

218 — Sept fauteuils Louis XIV, en bois sculpté et foncés de canne.

219 — Deux autres fauteuils Louis XIV, en bois sculpté et foncés de canne. Très-beau modèle.

220 — Deux chaises Louis XV, en bois sculpté, cannées.

221 — Deux grandes chaises Louis XIV, à dossiers élevés en bois sculpté, cannées.

222 — Fauteuil Louis XVI, en bois sculpté et peint en vert, à rais de cœur, garni et couvert de velours jaune à raies. Modèle à chapeau.

223 — Grand fauteuil Louis XIV, en bois sculpté à ceinture, garni en crin.

224 — Deux chaises Louis XIII, dossiers carrés, garnies en cuir uni avec clous en cuivre.

225 — Deux grandes bergères Louis XV, en bois sculpté ; l'une d'elles est peinte en blanc.

226 — Grande bergère Louis XVI, bois sculpté peint en rouge. Modèle gondole.

227 — Petit tabouret Louis XV, en bois sculpté, forme contournée.

228 — Deux fauteuils Louis XVI, en bois sculpté peint en gris, médaillons.

229 — Quatre fauteuils de bureau, deux Louis XV et un Louis XIII, un autre Louis XVI.

230 — Chaise Louis XIII, en bois de chêne sculpté, dossier à tête d'ange.

231 — Fauteuil Louis XVI, en bois sculpté à rubans et peint en blanc. Modèle à chapeau.

232 — Deux fauteuils Louis XVI, en bois sculpté, et peints l'un en rouge, l'autre en gris. Modèle à éventail.

233 — Fauteuil Louis XVI, à médaillon sculpté et peint en rouge.

234 — Sept fauteuils Louis XVI, modèles divers.

235 — Huit chaises, modèles divers.

236 — Deux escabeaux en bois de noyer, dossier à jour, motifs sculptés.

237 — Petit fauteuil Henri IV, en chêne sculpté, dossier avec motifs à rosaces.

238 — Deux grands fauteuils italiens, style Renaissance, en bois de noyer sculpté, à dossiers terminés par des têtes de lions dorées, garnis et couverts en cuir à clous façonnés.

239 — Deux fauteuils italiens et une chaise en marqueterie dite certosine.

240 — Deux chaises Renaissance, petit dossier en bois de noyer, garnies et couvertes en velours de Gênes, une rouge et l'autre verte.

241 — Fauteuil Renaissance, en bois de noyer, à petit dossier, garni et couvert en tapis persan.

242 — Fauteuil forme d'X, genre Renaissance, à bois recouvert en drap rouge, avec coussins à franges jaunes.

243 — Autre fauteuil en forme d'X, en bois noir, garni de bandes de velours rouge avec franges et clous dorés.

TABLEAUX DÉCORATIFS

244 — Dessus de porte représentant deux enfants tenant un écusson.

245 — Dessus de porte : Vénus couchée, entourée d'amours ; l'un d'eux tient le flambeau de l'hyménée.

246 — Dessus de porte : trois amours jouant dans la campagne.

247 — Dessus de porte : deux femmes causant dans un parc ; un amour, mettant son doigt sur sa bouche, leur recommande le silence.

248 — Dessus de porte en grisaille : nymphes au bain. Genre Boucher.

249 — Beau plafond Louis XVI, sujet allégorique : Minerve inspirant la Muse de la peinture, devant laquelle un Amour tient un médaillon entouré de guirlandes. Attribué à Leprince.

250 — Quatre grands tableaux décoratifs, représentant des personnages chinois. Genre Boucher.

251 — Petit plafond : femme voltigeant dans les airs en tenant une guirlande. Attribué à Leprince.

252 — Petit plafond représentant des nymphes dans un paysage.

253 — Grand plafond représentant un saint personnage dans une prison et visité par un ange. — Cadre de forme hexagone en bois noirci.

TABLEAUX — PORTRAITS

254 — Portrait d'un seigneur du temps de Louis XIV. Cadre doré ovale avec fronton.

255 — Portrait en pied de Louis XV enfant, couvert d'un manteau d'hermine et la main posée sur sa couronne.

256 — Deux portraits de dames de la cour de Louis XIV. Genre Largillière. Cadres ovales dorés et sculptés.

257 — Portrait d'une dame du temps de Louis XVI, cheveux poudrés. Cadre en bois doré.

258 — Portrait de femme du temps de Louis XV, debout, en robe bleue et coiffée d'une cornette. A sa droite, un écusson.

259 — Portrait de femme du temps de Louis XIV, tenant un médaillon. Genre Mignard.

260 — Portrait présumé de Buffon, la main appuyée sur un livre.

261 — Portrait d'un mendiant. Attribué à Callot.

262 — Portrait en pied du duc de Mantoue enfant, en habit rouge avec baudrier doré, tenant une canne.

263 — Portrait présumé de Garat, le chanteur, attribué à Boilly.

264 — Portrait de femme debout, en costume du xvie siècle.

265 — Portrait d'homme, genre Holbein. Bois. Cadre noir.

266 — Deux panneaux, école gothique : saint Wolfgang et saint Ulric, évêques.

267 — Portrait d'homme debout, en pourpoint noir avec fraise, portant une décoration.

268 — Portrait de femme debout, vêtue d'une robe ornée de bijoux, avec fraise et coiffure en dentelle.

269 — Portrait d'homme, avec fraise, provenant de la galerie de la duchesse de Berry.

270 — Panneau : Lucrèce se poignardant.

271 — Panneau du xve siècle : vierges priant dans un jardin. Ecole gothique.

272 — Autre panneau : portrait d'homme, en buste, avec collerette.

273 — Plusieurs tableaux de fruits et de fleurs, dont un attribué à Baptiste Monnoyer.

www.ingramcontent.com/pod-product-compliance
Lightning Source LLC
Chambersburg PA
CBHW060919050426
42453CB00010B/1813